LA GUÍA FÁCIL PARA PRINCIPIANTES PARA APRENDER A PROGRAMAR EN PYTHON.

Contenido

Introducción a Python

Python, un popular lenguaje de programación de propósito general de alto nivel. Fue desarrollado por la Fundación Python después de haber sido creado por Guido van Possum en 1991. Con una sintaxis de programación diseñada para facilitar la lectura del código, los programadores pueden expresar sus pensamientos con menos código.

El lenguaje de programación Python permite un trabajo más rápido y una integración del sistema más exitosa.

Las versiones más utilizadas de Python son Python 2 y Python 3. Las dos son muy diferentes.

Twitter es un lenguaje dinámico compilado e interpretado por código de bytes. Los tipos de variables, parámetros, funciones y métodos no se declaran en el código fuente. Sacrificas la verificación de tipos en el momento de la compilación del código fuente, pero al hacerlo obtienes un código breve y flexible.

Describe Python.

Guido van Possum desarrolló el lenguaje de programación universal Python en la década de 1980. Es el lenguaje de programación más popular del mundo en 2023 porque es muy flexible, adaptable y apto para principiantes.

El lenguaje de programación más utilizado y más fácil de aprender es Python. Ofrece una comunidad sólida y recursos experimentados, así como un amplio conjunto de oportunidades de empleo en todos los sectores y profesiones. Según las clasificaciones de PYPL y TIOBE, Python superó a C y se convirtió en el principal lenguaje de programación en junio de 2023.

• Python está diseñado para una amplia gama de aplicaciones y no para resolver problemas específicos, como por ejemplo:

• Automatización, ciencia de datos, desarrollo web, desarrollo de software, análisis

Es fácil de usar y enseñar Python. Debido a su facilidad de uso y comprensibilidad, Python es una opción adecuada para principiantes. El lenguaje tiene la sintaxis más simple de todos los lenguajes de programación que se utilizan en la actualidad, lo que lo convierte en el más accesible. Además, el lenguaje natural tiene prioridad sobre todos los demás lenguajes de programación. La facilidad de uso y comprensión de Python permite crear y ejecutar rutinas mucho más rápido que otros lenguajes de programación. La popularidad de Python ha crecido significativamente, en parte debido a la facilidad con la que los programadores de todos los niveles pueden comprender y crear el código.

Utilice Python en el desarrollo web

Según los expertos en desarrollo web, Python se considera uno de los lenguajes de programación más útiles. La disponibilidad de sus diferentes aplicaciones con soluciones listas para usar para tareas básicas de desarrollo web aumenta la velocidad de un solo proyecto.

Lenguaje de programación versátil

Python es conocido por su adaptabilidad, lo que le permite utilizarlo para diversas tareas. Exploremos los casos de uso de Python con más detalle.

Aprendizaje automático y visualización de datos.

Python se puede utilizar para visualizar datos en forma de gráficos circulares, histogramas y gráficos de barras y líneas. Además, puede gestionar la ciencia de datos de manera más eficiente utilizando marcos de Python como Tensor Flow.

Estadísticas analíticas

Python facilita la realización de cálculos estadísticos difíciles y le ahorra tiempo y esfuerzo al procesarlos y evaluarlos.

El lenguaje se usa ampliamente en la ciencia de datos.

Cualquiera que sea el camino que elija, los datos seguirán siendo importantes para la industria de TI. Actualmente, Python se utiliza ampliamente en la ciencia de datos.

Los expertos que utilizan tecnologías modernas de análisis de datos deben familiarizarse con lenguajes de programación como Python, ya que la cantidad de datos generados por estas herramientas aumenta cada día. Para aprovechar las últimas tecnologías de vanguardia, los profesionales de datos también deben estar al tanto de los desarrollos de la industria.

Una amplia gama de edificios y bibliotecas.

Python es particularmente popular porque brinda a los desarrolladores acceso a docenas de módulos y marcos diferentes. Gracias a estas bibliotecas y marcos, el lenguaje es más útil porque requiere menos tiempo. Las bibliotecas NumPy, SciPy, Django y otras, utilizadas para diversas aplicaciones, son algunas de las bibliotecas de Python más conocidas.

Automatizar tareas y scripts

Python es particularmente útil si desea aumentar la productividad mediante la automatización o la creación de secuencias de comandos de operaciones repetitivas. Con Python puedes acelerar varias cosas, incluyendo

- Reconocer errores
- convertir archivos
- Correos electrónicos enviados
- descubrimiento de contenidos en Internet
- Eliminación de datos redundantes
- cálculo matemático rudimentario

Las herramientas de aprendizaje automático podrían usar Python.

Python se utiliza en investigaciones de big data y aprendizaje automático para avanzar en estos campos. Python es muy útil en el sector de la IA y también se utiliza en ciencia de datos, robótica y otras áreas de crecimiento tecnológico.

Python en la educación

En los cursos de colegios y universidades, hay un énfasis cada vez mayor en el idioma. Python se usa con tanta frecuencia en campos como la ciencia de datos, la inteligencia artificial, el aprendizaje profundo y otros, lo que explica por qué. Además, es crucial que las escuelas y empresas integren el idioma en sus planes de estudio, ya que un gran número de estudiantes quieren buscar empleo en el sector tecnológico.

Tareas de rutina

Python también podría ayudar a quienes no son programadores, como administradores de redes sociales y periodistas, simplificando sus tareas habituales. Python se puede utilizar para actualizar automáticamente listas de suministros, mover datos de archivos de texto a hojas de cálculo y realizar un seguimiento de los valores de las existencias, entre otras cosas.

Habilitado por Iota, el Internet de las cosas (Iota) es una vasta red de dispositivos y tecnologías interconectados que permiten las comunicaciones entre dispositivos y la nube. Los ejemplos famosos de Iota son:

La casa inteligente

Rastreador de actividad para vehículos conectados

Tecnología portátil con realidad aumentada.

A una comunidad muy caritativa.

Uno de los lenguajes de programación más antiguos y populares desde entonces. Esto le ha permitido crear una comunidad vibrante de desarrolladores y programadores. Los estudiantes que estudian Python tienen el apoyo que necesitan para aprender fácilmente las habilidades requeridas por la industria y recibir la capacitación adecuada.

Continuidad y flexibilidad

Python es un lenguaje flexible que brinda a los programadores mucho espacio para experimentar con nuevas ideas. Los expertos en Python no se conformarán con el status quo; Intentarán desarrollar nuevos procesos, tecnologías o aplicaciones. Los desarrolladores pueden concentrarse en aprender un solo idioma y utilizar plenamente sus habilidades, brindándoles la independencia y flexibilidad que necesitan.

Guía de instalación y configuración de Python 3

Integración de Python en Windows

Hay cinco técnicas de instalación en Windows:

Tienda Google Play

La instalación completa de Linux para el subsistema de Windows.

En esta sección, aprenderá cómo verificar si Python está instalado en su computadora con Windows. También aprenderá cuál de las tres técnicas de instalación debe elegir.

Para obtener instrucciones de configuración más detalladas, consulte el tutorial "Su entorno de codificación Jingo en Windows: Configuración".

Cómo determinar la versión de Python en Windows

Para determinar si Danto ya está instalado en su PC con Windows, utilice un software de línea de comandos como PowerShell.

Como sugerencia, aquí se explica cómo iniciar PowerShell:

Presione Win, luego escriba PowerShell para comenzar.
Inserte la llave.
Al hacer clic derecho en el botón Inicio, puede elegir entre Windows PowerShell y Azure PowerShell (administrador).
También puede utilizar Windows Terminal o cmd.exe.

Nota: Para obtener más información sobre sus opciones de

terminal de Windows, consulte Uso de Terminal en Windows.

Abra la línea de comando, escriba el siguiente comando y presione Enter:

el comando "python --versión Python 3.8.4"
Puede ver la versión instalada usando el modificador --version. Alternativamente, puedes usar el modificador -V:

Python -V 3.8.4 se puede encontrar en C:
En cualquier caso, si ves una versión inferior a 3.8.4, que era la versión más reciente en el momento de escribir este artículo, debes actualizar tu instalación.

Las dos instrucciones anteriores iniciarán Microsoft Store y lo llevarán a la página de la aplicación Python si aún no tiene una versión de Python instalada en su computadora. En la siguiente parte, aprenderá cómo completar la instalación desde Microsoft Store.

Puede usar el comando Where.exe en PowerShell o cmd.exe para encontrar la ubicación de instalación si tiene curiosidad:

¿Qué es la sintaxis en Python?
Todos los principios utilizados para construir oraciones en la programación de Python están definidos por la sintaxis de Python.

Por ejemplo, para entender el idioma inglés, necesitamos estudiar gramática. De manera similar, para dominar el lenguaje Python, primero hay que estudiar y comprender su gramática.

Un ejemplo de sintaxis en Python
La clara estructura gramatical de Python contribuye a su popularidad.

Puede hacerse una idea de cómo es la programación en Python echando un vistazo rápido a una aplicación Python simple.

Utilice un programa Python simple para verificar si una persona es elegible para votar.

print("Ingrese su nombre:") después de obtener el nombre de usuario.

Obtenga la edad del usuario print("Ingrese su edad:") nombre = input()

La edad es igual a int (entrada())

Si (edad >= 18), determine si el usuario está autorizado o no:

print(nombre, "es elegible para votar".

Alternativamente: print(nombre, 'no es elegible para votar.')

Estructuras de datos de Python

que sean accesibles más rápidamente dependiendo de la situación. El componente fundamental de cada lenguaje de programación y la base de cada lista.

El programa es la estructura de datos. Python es más fácil de aprender que otros lenguajes de programación cuando se trata de comprender los principios de estas estructuras de datos.

Las listas en Python son como tablas en otros lenguajes, que son colecciones de datos presentados de forma ordenada. Una lista es muy flexible porque sus componentes no tienen que ser del mismo tipo. Las listas en Python son similares a los vectores en C++ o a las listas de matrices en Java. La acción más costosa es agregar o eliminar un miembro del principio de la lista, porque se deben mover todos los componentes. El costo de eliminar o insertar al final de la lista puede aumentar si la RAM recién asignada se agota por completo.

Para ilustrar, cree una lista de Python

Lista = imprimir(Lista) [1, 2, 3, "GFG", 2.3].

tupla

Una tupla de Python es una colección de objetos de Python, similar a una lista, excepto que las tuplas son inherentemente inmutables, lo que significa que sus componentes no se pueden modificar ni agregar una vez generados . Una tupla puede tener componentes de diferentes tipos, similar a una lista.

Usar una "coma" para dividir una serie de valores, o con o sin el uso de paréntesis para organizar la secuencia de datos, crea una tupla en Python.

También es posible crear tuplas a partir de un solo elemento, pero es más difícil. Un elemento entre paréntesis no es suficiente; Para convertirlo en una tupla, se requiere la siguiente "coma".

Ejemplo: operaciones sobre tuplas de Python.

Las cadenas se utilizan para crear una tupla.
Tupla = ('Geeks', 'For') print("Usa una cadena en una tupla:")
imprimir (tuplas)

Lista1 = [1, 2, 4, 5, 6] print("Tupla usando Lista :") crea una tupla usando una lista.
Tupla es igual a Tupla(lista1).

# Usar indexación para acceder a un elemento de impresión ("Primer elemento de la tupla")
imprimir(Tupla[0])

Acceda al último elemento de una tupla usando indexación negativa print("Último elemento de tupla")
print(Tupla[-1])

```
print ("Tercer penúltimo elemento
de la Tupla")
imprimir (tupla[-3])
```
Las matrices de cadenas de Python de bytes que representan caracteres Unicode forman cadenas. Se puede considerar una cadena como una colección inmutable de caracteres. Un solo carácter en Python es solo una cadena de longitud 1 porque no hay ningún tipo de datos de carácter.

Como los canales no se pueden editar, se crea un nuevo canal.

Tipos de operadores Python: el lenguaje de programación Python admite los siguientes tipos de operadores.

Operadores de comparación (operadores de relación) para aritmética
Operador de tarea
Operadores inteligentes
Operadores de bits
Titulares de membresía
Operadores individuales
Echemos un vistazo rápido a cada operador por turno.

Operadores aritméticos en Python

Operadores ejecutados por Python. Estas operaciones incluyen suma, resta, multiplicación, división, módulo, exposiciones y división de piso.

Ejemplo de nombre de operador + suma Resta 10 de 20 para obtener 30Multiplicación: 20 - 10 = 10División de 10 * 20 = 20020 / 10 = 2%Módulo de división terrestre 22% 10 = 2 Exponente 4**2 = 169/ /2 = 4

Operadores de comparación en Python

Los valores a ambos lados de un operador de comparación en Python se comparan para determinar su relación. Los operadores de comparación son otro nombre para ellos. Estos operadores son igual, no igual, mayor que, menor que, mayor o igual que y menor o igual que.

Ejemplo de nombre de operador !=
No es igual a 4 != 5 es verdadero. ==
Igual a 4 == 5 no es cierto. Esto no
es cierto: mayor que 4 > 5.

Menos de 4 de 5 son ciertas. No es
cierto que 4 >= 5 o mayor o igual a
4.

Si 4 es menor o igual que 5,
entonces 5.

Operadores de asignación en Python

A las variables se les pueden
asignar valores mediante
operadores de asignación de
Python. Estos operadores incluyen
operadores de asignación básicos,
así como operadores de suma,
resta, multiplicación, división y
asignación.

Un ejemplo de nombre de operador
es "asignación". Asignación a += 5

(Igual que a = a + 5) Operador a = 10 +

Problema de resta: a -= 5 (igual que a = a - 5)

Problema de multiplicación: a *= 5 (igual que a = a * 5)

Problema de división: a = a/5 (también llamado a = a/5)

Asignación %= resto a%= 5 (igual a a = a%)

Asignar el exponente a = 2 (también conocido como a = a**2)

Asignación de división de piso an es igual a 3 (también conocido como a = a // 3)

Operadores bit a bit en Python

Los operadores bit a bit trabajan poco a poco y manipulan bits. Considere el caso donde a = 60 y b = 13. En este caso, sus valores en forma binaria serían 0011 1100 y 0000 1101 respectivamente. Los operadores bit a bit permitidos en el lenguaje Python se enumeran en la siguiente tabla junto con un ejemplo. de cada. Usamos las dos variables mencionadas anteriormente (a y b) como operandos.

Operadores lógicos en Python

El lenguaje de programación Python admite los siguientes operadores lógicos. Supongamos que la variable a contiene 10 y la variable b contiene 20,

Operadores de membresía en Python

Los operadores de membresía en Python verifican si existe una secuencia de elementos, como cadenas, listas o tuplas. Como se describe a continuación, hay dos operadores de membresía.

Módulos

Un archivo Python con el sufijo.py que se puede importar a otro programa Python se denomina módulo.

El nombre del módulo se reemplaza por el nombre del archivo Python.

1) Las definiciones de clases y su implementación están incluidas en

el módulo. 2) variables; y 3) Funciones utilizables internamente.

Trabajar con módulos hace que el código sea reutilizable, lo cual es una ventaja de los módulos.
Simplicidad: en lugar de centrarse en el tema completo, el módulo se centra en un pequeño aspecto del mismo.
Alcance: para evitar conflictos de ID, un módulo especifica un espacio de nombres único.

Configurar un módulo

Crear un módulo con una sola función
Este software crea una función llamada "Módulo" y la guarda en un archivo llamado Yashi.py (el

nombre del archivo más el sufijo.py).

Crear un módulo con una variedad de características.

Hemos desarrollado cuatro funciones de suma, multiplicación, resta y división en esta aplicación.

Nombra el documento Operations.py

Características

Una función es un fragmento de código que solo se ejecuta cuando se llama. Puede proporcionar parámetros (datos) a una función.

Como resultado, una función puede devolver datos.

Varias funciones

1. Funciones personalizadas: Las funciones personalizadas son aquellas que nosotros mismos desarrollamos para realizar una actividad específica.

Como puede ver en el archivo de ejemplo Yashi.py anterior, creamos nuestra propia función para realizar algunas operaciones.

Beneficios de las funciones personalizadas

Las funciones personalizadas hacen que los programas sean más fáciles de entender, mantener y depurar al dividirlos en secciones manejables. cuando un programa tiene código repetitivo. Estos programas se pueden colocar en una función a la que se puede llamar para su ejecución cuando sea necesario.

Explique el término "programación orientada a objetos".

El paradigma de programación orientada a objetos (POO) para la programación de computadoras organiza el diseño de software basándose en datos u objetos en lugar de funciones y lógica. Un campo de datos que exhibe ciertas características y comportamientos se llama objeto.

En OOP, la atención se centra más en los objetos que los programadores quieren manipular que en la lógica necesaria para hacerlo. Las aplicaciones complejas, grandes y que se actualizan o mantienen con frecuencia son adecuadas para este estilo de desarrollo. Esto incluye software de diseño y producción, así como aplicaciones móviles. Por ejemplo, se puede crear software de simulación de sistemas utilizando programación orientada a objetos.

Debido a la estructura del software orientado a objetos, la estrategia resulta ventajosa en el desarrollo colaborativo cuando los proyectos se dividen en grupos. La programación orientada a objetos también ofrece los beneficios de eficiencia, escalabilidad y reutilización de código.

¿Qué incluye la gestión de archivos Python?

Además de crear, abrir, agregar, leer y escribir, Python también admite...

La gestión de archivos es una tarea habitual a la hora de programar. Los métodos integrados de Python para generar, abrir y cerrar archivos facilitan la administración de archivos. Cuando se abre un archivo, Python también permite varias acciones en el archivo, como leer, escribir o agregar datos.

¿Cómo maneja Python las operaciones de archivos?

- Utilice el método open() de Python para abrir un archivo

- "r": Este modo indica que el archivo solo está disponible para lectura.
- El modo "w" indica que el archivo está abierto solo para escritura. ...
- La salida de este programa se agrega a la salida anterior de este archivo, como lo indica el modo "a".

¿Qué son la depuración y el manejo de errores?

Por lo tanto, el manejo de errores es una forma de evitar que un error potencialmente devastador detenga un programa. En cambio, su aplicación puede notificar al usuario de una manera mucho más amigable cuando ocurre un problema, mientras le permite mantener el control del programa.

¿Qué quieres decir con manejo de errores?

Manejo de errores en el diseño del compilador

Cada problema debe ser detectado e informado al usuario. Luego se debe desarrollar e implementar un plan de recuperación para resolver el problema. La velocidad de procesamiento del programa no debe ser lenta durante todo el proceso. La detección de errores es una función de un controlador de errores.

¿Qué son las API y las bibliotecas?

Una biblioteca es una colección de aplicaciones que realizan actividades relacionadas juntas o el mismo trabajo en grupos. En pocas palabras, una biblioteca parece un gran fragmento de código. Una API es la interfaz que utiliza para interactuar con otro sistema, que puede ser una biblioteca. Una API suele aparecer como un grupo de métodos y características.

¿Qué implica el uso de API?

¡Pero estamos muy contentos de que lo hayas preguntado! Las API son una parte esencial de nuestro mundo digital y permiten miles de millones de experiencias digitales cada minuto de cada día. El acrónimo API significa "Interfaz de programación de aplicaciones". Las API son un tipo de interfaz de software que permite que dos aplicaciones se comuniquen entre sí.

Análisis de datos de Python

El análisis de datos es el proceso de recopilar, procesar y organizar datos para hacer predicciones sobre el futuro y tomar decisiones informadas basadas en datos. También es útil investigar posibles respuestas a problemas empresariales. El análisis de datos se divide en seis fases. Como sigue:

Solicitar o facilitar solicitudes de datos

Preparación o recopilación de datos, limpieza, procesamiento, análisis, intercambio, generación de informes.

- ¿Cuáles son las siete fases del análisis de datos?
- Para evaluar adecuadamente los datos, siga estos pasos:

- Decidir un objetivo. Primero, determine las principales metas y objetivos de su análisis de datos.
- Seleccione el tipo apropiado de análisis de datos que desea utilizar.
- Determinar una estrategia de recopilación de datos.
- Recopile los datos y luego límpielos.
- Analiza la información.
- Ver la información.
- Investigación descriptiva.

¿Cómo se puede utilizar Python para acceder a SQL?

El controlador ODBC para SQL Server le permite conectarse a SQL Server desde Python.

Inicie sesión primero. pock nan = pyodbc.connect

import('DRIVER=Dearth ODBC Driver for SQL Server'; Servidor: Mi servidor; Base de datos: Mi base de datos; Puerto: Mi puerto; ID de usuario: Mi Ushered; Contraseña: Mi contraseña excede')

El segundo paso es insertar una fila.

Paso tres: ejecute la consulta.

¿Cómo accede Python a una base de datos MySQL?

Conexión Python a una base de datos MySQL

Instale el módulo de inicio de sesión para MySQL. La conexión MySQL de Python se puede instalar usando el comando pip.

Instale el módulo de inicio de sesión de MySQL.

Utilice la técnica connect().

Utilice la función Cursor( ).

Utilice la función ejecutar().

Obtenga el resultado con fetchall ().

Cierre la conexión y los objetos del cursor.

¿Tiene Python su lugar en el desarrollo web?

Python permite a los diseñadores web crear sitios web utilizando varios paradigmas de programación. Por ejemplo, es adecuado tanto para programación funcional (FP) como para programación orientada a objetos (OOP). Nuestro artículo sobre FP versus OOP explica las diferencias entre los dos.

Python es un lenguaje hermoso. Las reglas son breves, simples y divertidas de aprender. Si bien es una opción popular para principiantes, Python también es lo suficientemente potente como para manejar algunos de los productos y aplicaciones más conocidos del mundo de compañías como NASA, Google, IBM, Cisco, Microsoft e

Industrial Light & Magic, entre otras

.

Python sobresale en varias áreas, incluido el desarrollo web. Los numerosos marcos que se ofrecen en Python incluyen Bottle.py, Flask, CherryPy, Pyramid, Django y web2py. Estos marcos son utilizados por algunos de los sitios web más populares del mundo, incluidos Yelp, Mozilla, Reddit, Washington Post y Sportily. Las lecciones y artículos de esta sección cubren enfoques para desarrollar aplicaciones web Python, con un enfoque en cómo desarrollar soluciones viables a problemas con los que la gente común realmente necesita ayuda.

Beneficios de Python

- Python es fácil de usar y aprender para nuevos usuarios. Este lenguaje de programación de alto nivel tiene una sintaxis comparable a la del inglés. Estos factores hacen que el idioma sea más fácil de aprender y adaptarse. En comparación con Java y C, Python requiere menos líneas de código para lograr el mismo resultado. Los conceptos de Python se pueden aplicar más rápidamente que los de otros lenguajes porque son más fáciles de aprender.

- Resultado mejorado: el lenguaje Python es bastante eficiente. Debido a su simplicidad, los desarrolladores pueden concentrarse en resolver problemas de Python. Se trabaja más porque los usuarios no tienen que pasar horas estudiando la sintaxis y las características del lenguaje de programación.

- Flexibilidad: Los usuarios pueden probar cosas nuevas porque este lenguaje es muy versátil. Los usuarios pueden crear varios tipos nuevos de aplicaciones utilizando el lenguaje de programación Python. El idioma no impide que el usuario pruebe cosas únicas. Python se utiliza con más frecuencia en determinados contextos que otros lenguajes de programación porque ofrece más libertad y flexibilidad.

- Biblioteca grande: cuando usa Python, el usuario tiene acceso a una biblioteca enorme. La extensa biblioteca estándar de Python tiene prácticamente todas las funciones que uno pueda necesitar. Esto se debe al fuerte apoyo de la comunidad local y a la financiación corporativa. Los usuarios que utilizan Python no utilizan bibliotecas externas.

- se desarrolló hace muchos años y cuenta con una comunidad bien establecida que puede ayudar a desarrolladores de todos los niveles de experiencia, desde principiantes hasta especialistas. Los desarrolladores pueden aprender el lenguaje de programación Python de forma más rápida y completa con los completos manuales, tutoriales y documentación del lenguaje. Gracias a su comunidad de apoyo, Python ha crecido más rápido que otros lenguajes.

Las desventajas de Python

Ya hemos visto varias razones por las que Python es una opción viable para su proyecto. Pero si eliges este camino, también debes estar atento a los resultados.

- Ahora veamos las limitaciones de Python en

comparación con otros lenguajes.

- Límites de velocidad
- Como hemos visto, el código Python se ejecuta línea por línea. Sin embargo, debido a que Python es un lenguaje interpretado, el rendimiento suele ser lento.

- Sin embargo, a menos que la velocidad sea un elemento clave del proyecto, esto no es un problema.

- 2. Malos navegadores y computación móvil
- Python es un excelente lenguaje del lado del servidor, pero es mucho menos común en el lado del cliente.

- Además, rara vez se utiliza para crear aplicaciones para teléfonos inteligentes. La aplicación Carbonnelle es un ejemplo.

- A pesar de la presencia de Brython, es menos conocido debido a la falta de seguridad adecuada.

- Limitaciones de diseño
- Como sabes, Python utiliza escritura dinámica. Por lo tanto, no es necesario establecer el tipo de variable al escribir código.

- Golpea con un pato. Pero que es ? En términos simples, esto significa que cualquier cosa que parezca un pato debe serlo.

- Aunque esto facilita la codificación a los programadores, pueden producirse errores de tiempo de ejecución.

- 4. Niveles de acceso a la base de datos insuficientes

- Las capas de acceso a la base de datos de Python son algo inmaduras en comparación con tecnologías más populares como JDBC (Java DataBase Connectivity) y ODBC (Open DataBase Connectivity).

- Esto significa que se utiliza con menos frecuencia en empresas más grandes.

- 5. Básico
- No, no estamos bromeando. La simplicidad de Python puede ser una desventaja. Piensa en lo que he hecho. Estoy más interesado en Python que en Java.